REIKI
para niños

I0894337

Johnny De' Carli

REIKI

para niños

edaf

MADRID - MÉXICO - BUENOS AIRES - SAN JUAN - SANTIAGO

2014

Ilustraciones: Marco Antonio Cortez
Diseño de cubierta: adaptación de Diseño y Control Gráfico.

Editorial EDAF, S. L. U.
Jorge Juan, 68. 28009 Madrid
http://www.edaf.net
edaf@edaf.net

Algaba Ediciones, S.A. de C.V.
Calle, 21, Poniente 3323, Colonia Belisario Domínguez
Puebla, 72180, México
Teléfono: 52 22 22 11 13 87
edafmexicoclien@yahoo.com.mx

Edaf del Plata, S. A.
Chile, 2222
1227 - Buenos Aires, Argentina
edafdelplata@edaf.net

Edaf Antillas, Inc
Local 30 A 2, zona portuaria Puerto Nuevo
San Juan, PR-00920
Telf.: (787) 707-1792

Edaf Chile, S.A.
Coyancura, 2270, oficina 914, Providencia
Santiago - Chile
edafchile@edaf.net

3.ª reimpresión, diciembre 2014

Depósito legal: M-18.305-2010
ISBN: 978-84-414-2504-0

PRINTED IN SPAIN — IMPRESO EN ESPAÑA

Cofas, S. A.

PROLOGO para los padres

Imagínate que tus hijos crecen sin los bloqueos y preocupaciones que nosotros tuvimos cuando éramos niños. Imagínate que se convierten en adultos llenos de amor y compasión, libres del miedo y necesidad de afecto que nos acompañó durante nuestra infancia.

Cuando un niño hace reiki, tiene esa «conexión con lo Divino» (lo llames como lo llames) de forma natural. Tiene esa capacidad para nutrirse de la energía inagotable y armoniosa de la Fuente. Además, el reiki es perfecto para los niños, ya que ellos todavía conservan su intuición y su sabiduría innata para poder saber que es lo que necesitan para estar sanos y felices.

Este libro puede fomentar su interés en la técnica de modo que ellos también quieran aprenderla. Si practicas reiki, sabes que es algo muy fácil de aprender y aplicar, aún para un adulto. Pero para los niños ¡es más fácil todavía! Ellos se ponen «manos a la obra» como un pez al agua.

Espero que disfrutéis tanto los padres como los niños con este maravilloso libro escrito por mi gran amigo, Johnny De Carli.

JOHN CURTIN

Expreso mi agradecimiento a mi esposa Rita de Cássia De'Carli, al maestro de reiki y dibujante Marco Antonio Cortez, a las maestras de reiki Eulalia Fernández, Inez Kassel, María Helena Ramalho, Cristina Rego Monteiro da Luz, Ana Ligia Pereira Freschi, a los reikianos Fernando Daniel de Castro, Jeane da Silva Santos, Luiz Enrique Vieira Santos y Glaci Ferreira, por el apoyo que recibí de todos ellos para realizar esta obra.

Tome el libro, sosténgalo en sus manos, concéntrese y... ábralo por cualquier página. Ahora mismo. Ahí encontrará el lema del día.

Dedico esta obra a mi esposa Rita de Cássia, a mi madre Alicia Requena, a mis hijos Juliana, Diana y Daniel, y a mis hermanos Carlos, Helio y Ricardo, por todo el apoyo, compañerismo, amistad y amor que siempre recibí de ellos.

Recuerde que siempre prevalecen las enseñanzas de los padres.

PREFACIO

Este libro no se escribió pensando en una determinada edad, sino que más bien se trata de un homenaje al «niño interior» que todos llevamos dentro y que es independiente de la edad. Es un libro que si bien está dedicado a los niños también está destinado a los adultos. Por respeto a mis lectores que tengan menos de doce años de edad, les recomiendo que se haga su lectura con la asistencia de un adulto.

Nuestra salud es muy importante. Cúidela desde pequeño, aliméntese bien, haga ejercicio, no fume y nunca tome bebidas alcohólicas.

INTRODUCCIÓN

Al pie de cada página hay mensajes independientes del texto del libro, en los que los niños encontrarán algunas recomendaciones que serán muy importantes en su vida. Cada día podemos hacer de eso una especie de juego, leyendo esos mensajes especiales. Solicito la autorización de los padres para que, esa manera, pueda contribuir a la educación de sus hijos dentro de mi experiencia personal como padre. Sabemos que la salud depende de mantener buenas condiciones higiénicas y cuidados adecuados. Ese es el motivo de esta iniciativa.

Es muy importante que tengamos nuestras cosas en orden. Deja siempre arreglada tu habitación, colocando cada cosa en su lugar. Ya verás como el orden trae la paz.

¡Hola! Mi nombre es Johnny De'Carli. Soy ingeniero agrónomo y piloto de aviones. Nací en Brasil. Pasé mi infancia en Río de Janeiro, en la Isla del Gobernador y en Copacabana, en donde actualmente vivo y trabajo como profesor de técnica de reiki. Me complace mucho dar clases y hacer nuevas amistades.

Después de esa especie de juego guarda tus juguetes y tus libros en un lugar concreto. De ese modo, cuando tengas que usarlos de nuevo, te resultará más fácil encontrarlos.

Esta es mi esposa Rita de Cássia De'Carli. Trabaja en el municipio de Campestre. Son muchos los que tenían interés en conocerla. Trabajamos juntos enseñando la técnica de reiki. Hemos iniciado en ella, y con mucha alegría, a más de cinco mil personas.

¿Qué le parece educar a los hijos y colaborar, al mismo tiempo, en las tareas domésticas? No seamos vagos. De ese modo usted no solo ayudará en casa, sino que también estará creando un hábito muy positivo.

Hemos tenido de alumnos muchos niños. Venían al seminario acompañados de sus padres o de sus abuelos. Jesús decía que los niños son seres especiales. Él afirmaba: «Quien no sepa recibir el Reino de los Cielos como un niño no entrará en él»

No entres en la habitación de los padres, de los abuelos o de los hermanos sin llamar antes a la puerta.

En cierta ocasión, refiriéndose a los niños, Jesús dijo: «Dejad que los niños se acerquen a Mí, porque de ellos es el Reino de los Cielos». Jesús afirmaba que los niños están unidos a Dios por la pureza de sus corazones. Un hogar en el que haya niños es un hogar más feliz.

El baño es muy importante para nuestra salud; por eso es preciso tomar un baño todos los días. Pero no te quedes mucho tiempo debajo de la ducha, porque tal vez otra persona pueda necesitar el uso del cuarto de baño.

El amor de los niños es universal. Sonríen y hacen amistades en un instante. Respetan las diferencias que puedan existir entre las personas. Los niños no guardan el resquemor y la amargura como los adultos, sino que perdonan con mucha facilidad.

Nuestro planeta tiene necesidad de ayuda; el agua es nuestra fuente de energía, y puede acabarse si no la cuidamos. Utiliza tan solo la cantidad necesaria y no la desperdicies.

A los niños los rodea un aura de luz. Viven en armonía espiritual. En eso se diferencian de los adultos; porque estos, debido a las emociones y a los pensamientos negativos, crean un «escudo» a su alrededor.

Después de un baño placentero deja la ropa usada en el cesto de la ropa sucia y cuelga la toalla. Trata de cuidar bien tus cosas.

Los niños enseñan a los adultos tres cosas muy importantes: la sinceridad, la sencillez y la autenticidad. Son muchos los niños que se interesan por el reiki y se convierten en grandes maestros. Vosotros, niños, podéis ensañarnos muchas cosas a nosotros los adultos.

Nada de hacer pipí en cualquier sitio. Hazlo solamente en el cuarto de baño.

Por desgracia, en el mundo todavía son muchos los niños que viven en una situación muy precaria. No asisten al colegio, realizan pesadas labores domésticas, trabajan en el campo, lavan coches o hacen ventas ilegales para sobrevivir. Son muchos los que viven en orfanatos o en la calle. El reiki puede ayudarlos a vivir mejor.

Debemos lavarnos los dientes cuando nos levantamos, después de cada comida y antes de irnos a dormir. Si lo hacemos así, evitaremos las caries.

¿Te has dado cuenta de que cuando sentimos un dolor lo primero que hacemos es poner las manos sobre el lugar dolorido? Hacemos eso de forma natural, sin pensar. El toque de nuestras manos distribuye calor, serenidad y confort.

Después de lavarte los dientes, enjuaga el lavabo, limpia el cepillo de dientes, cierra el grifo y no te olvides de guardar convenientemente la pasta dental.

Los científicos descubrieron que el toque físico ayuda a aliviar los dolores, la depresión, la ansiedad y estimula la autoestima. El toque físico tiene la virtud de transformar la amargura y el resentimiento en perdón, y el odio y la rabia, en amistad.

Si tu padre o tu madre te piden que hagas alguna cosa, obedece con buena voluntad y sin replicar. Debemos ser amables en la familia.

En el Tíbet existen registros, que tienen una antigüedad de más de ocho mil años, en los que se habla de técnicas en las que se utilizaba la energía de las manos. Esas técnicas se extendieron por Grecia, Egipto, la India y otros países, pero quedaron olvidadas durante los últimos dos milenios. Los pueblos antiguos tenían unos conocimientos magníficos.

Nunca te olvides de usar la cisterna después de ir al váter. Piensa en lo desagradable que te resultaría si lo encontrases sucio. Después de utilizar el servicio lávate las manos.

En todas las religiones hay referencias a curaciones con las manos. Muchas de ellas, en todo el mundo, conservan estas técnicas de la imposición de manos.

No juguéis con las medicinas ni con productos desconocidos aunque tengan una grata apariencia, sin haber consultado antes con vuestros padres, porque algunos de esos productos son muy peligrosos.

A lo largo de nuestra vida a veces pasamos por momentos muy difíciles y dolorosos. Ese sufrimiento puede ser físico, mental y, en ciertas ocasiones, espiritual.

Durante la comida mastica bien los alimentos antes de tragarlos. De esa manera podrás disfrutar más de su sabor y será mejor para tu salud.

En esos momentos queremos eliminar a toda costa el sufrimiento; o, por lo menos, disminuir el dolor. Deseamos encontrar alivio, tanto para nosotros como para las personas que tenemos cerca. Muchas veces no sabemos qué debemos hacer para ayudar.

Cuando estés comiendo, no mastiques con la boca abierta ni hables con la boca llena.

Después, pensamos en encontrar algo que nos pueda ayudar a aliviar el sufrimiento, haciendo la vida mejor, más liviana y más fácil. Y es entonces cuando descubrimos que existe el reiki, que es inagotable y siempre está disponible.

Nunca eches restos de alimentos en las fuentes; porque además de no ser higiénico constituye una falta de educación.

Mikao Usui, el descubridor del reiki, nació el 15 de agosto de 1865. Fue un niño pobre que tuvo que vencer muchas dificultades para poder educarse. Era un niño estudioso y con voluntad. Ya de mayor pudo estudiar en Europa, Estados Unidos y China. Mikao Usui era famoso por ser un hombre con gran capacidad y muchas virtudes.

Cuando necesites limpiarte la boca utiliza siempre una servilleta, porque para eso se han hecho. No se te ocurra utilizar el mantel ni tu propia ropa.

Según los testimonios dejados por sus discípulos, el sensei (maestro) Mikao Usui era una persona muy cálida, valiente, amable, prudente, sencilla y humilde. Tenía muy buena salud, no era persona que se vanagloriase de lo que hacía, y siempre se le podía ver con una sonrisa en los labios. Le gustaba mucho leer e investigar.

Ten mucho cuidado con no excederte en la mesa; cuando te sirvas no pongas en tu plato más comida de la necesaria. Si, al final, todavía sintieses apetito sírvete de nuevo.

Sabemos hoy que Mikao Usui estuvo casado y que su esposa se llamaba Sadako. El matrimonio tuvo tres hijos: un niño y dos niñas ninguno de los cuales se dedicó plenamente al reiki. Mikao Usui escuchaba y leía muchas historias sobre la vida de Jesús y de Buda, los cuales, en el pasado y mediante la imposición de manos, habían realizado milagros y ayudado a otras personas.

Si cuando te encuentras en la mesa quisieras un alimento que se halle algo alejado de ti, pídele por favor a alguien que esté más cerca de él que te lo aproxime.

Mikao Usui, que era una persona muy observadora, se dio cuenta de que había mucha gente que mostraba una conducta triste y pasiva. Deseaba a toda costa encontrar una forma de poder ayudar a esas personas, para que pudieran resolver sus problemas emocionales y de salud.

En el supuesto de que cuando estés a la mesa eructes de forma involuntaria, pide disculpas en voz baja a aquellas personas que estuvieran cerca de ti. A veces pasan esas cosas.

En el mes de marzo de 1922, y mientras se encontraba en Japón, Mikao Usui tomó una decisión muy importante. Decidió hacer un ayuno y meditar durante ventiún días. En aquel tiempo los maestros adultos ayunaban y meditaban, con objeto de recibir una visión que les sirviese para esclarecer su mente en la búsqueda incansable de la sabiduría.

Cuando estés a la mesa, no empieces a comer hasta que lo hagan los mayores.

Entonces Mikao Usui dejó la casa en la cual vivía y se retiró al monte Kurama, una montaña sagrada situada a unos doce kilómetros, aproximadamente, al norte de Kyoto, una ciudad que se encuentra en el interior de Japón. En este caso Usui siguió su propia intuición y el ejemplo de Jesús que se retiró al Monte de los Olivos, y de Moisés, que hizo lo mismo en el monte Sinaí.

Si tuvieras necesidad de estornudar, bostezar o toser, pon la mano delante de la boca.

Mikao Usui puso al tanto de su decisión a unos pocos amigos y se marchó en solitario. Llevó consigo unos Sutras (escrituras sagradas hindúes) que había encontrado en el Tibet, un recipiente con agua y veintiún piedras que habían de servirle como calendario. Cada día que pasaba tiraba una piedra, y de esta forma sabía el tiempo que iba transcurriendo.

Si durante la comida tienes necesidad de ir al baño pide permiso, vete y no te demores.

Mikao Usui se sentó cerca de un pino, desde donde podía escuchar el rumor de un arroyo, el canto de los pájaros y el sonido del viento. Se puso entonces a meditar, a orar, a cantar, a leer los sutras y a pedirle a Dios ayuda para que pudiera encontrar las respuestas necesarias para aquello que andaba buscando desde hacía tanto tiempo: una forma de ayudar a los demás.

Durante las comidas, y antes de beber, límpiate la boca con la servilleta para que no manches el borde del vaso.

Gracias a las fuerzas de la naturaleza, al ayuno y a la meditación, en la madrugada del vigésimo segundo día Mikao Usui tuvo una visión: vio una intensa luz blanca que lo hizo sentir en profunda comunicación con Dios.

Cuando acabes de comer coloca tus cubiertos juntos y dentro del plato.

Vio entonces muchas luces con forma de bolas de color, en cuyo interior se encontraban los símbolos sagrados del reiki. Gracias al conocimiento que estaba recibiendo y visualizando, le fue concedida la comprensión de lo que significaban aquellos símbolos y su utilización práctica.

Espera a que los mayores hayan terminado de comer para poder levantarte de la mesa, y entonces pide permiso para salir.

En ese momento tan especial Mikao Usui recibió su iniciación en el reiki, y la forma en la que tenía que utilizar los símbolos y realizar los rituales iniciáticos para activar la energía en otras personas. En aquel momento mágico fue descubierto el reiki.

Procura no arrastrar la silla cuando te apartes de la mesa.

Mikao Usui descubrió cómo poder unirnos a la «Energía cósmica del universo». Ese proceso recibió en el Japón el nombre de *Reiju*, que significa en español «iniciación», «sintonización» o «armonización». En inglés se emplea el término *attunement*.

Trata de tener ordenada y limpia la casa, especialmente el salón. De ese modo, si llegan visitas, tú te sentirás bien y los visitantes también.

Cuando una persona queda iniciada en la técnica reiki pasa a formar parte de una determinada «familia», o «linaje del reiki», que consiste en una secuencia de nombres de los maestros de reiki; esta secuencia siempre comienza, sea cual sea el linaje o la escuela, en el sensei Mikao Usui.

Todos los hogares tienen sus correspondientes normas como, por ejemplo, las horas de comer, de estudiar, de jugar o de dormir. Respétalas.

En la técnica del reiki no existe linaje que no incluya al sensei Mikao Usui. Considero que es importante que todo reikiano sepa a qué «familia» o «corriente» de maestros va a pertenecer. Cada nuevo maestro de reiki que es iniciado aumenta esa «corriente».

Si vivies en un edificio de pisos, respeta las zonas comunes, como pueden ser los ascensores, pasillos y garajes. Trata de no hacer mucho ruido.

El reikiano debe honrar su linaje, tal como nos enseña uno de los «Cinco principios del reiki» (o de la gratitud), de los que luego hablaremos. En noviembre de 1998 fui iniciado en Tokio (Japón) en el nivel de maestría (Shimpiden), pasando a pertenecer a un importante linaje de maestros.

La televisión de tu casa pertenece a toda tu familia. Para cambiar de canal pregunta antes si los demás están de acuerdo.

En el «Sistema tradicional del reiki japonés», también llamado «Dentho Reiki», nuestro linaje es el siguiente: *Mikao Usui - Juzaburo Ushida - Kanichi Taketomi -Houichi Wanami - Kimiko Koyama - Doi Hiroshi - Fuminori Auki - Jonnhy De'Carli - mis alumnos.*

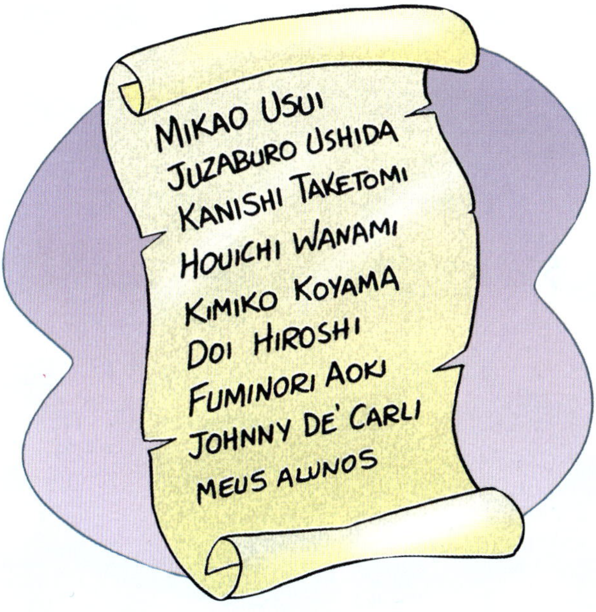

Cambia de canal en la televisión cuando los mayores digan que un programa o una película no son adecuadas para ti. Seguramente querrás saber el motivo. Por lo general, es por tu bien.

En Japón existen diferentes escuelas de técnica reiki. El sensei Fuminori Auki es presidente de la escuela «Reido reiki», con sede en Tokio. El sensei Doi Hiroshi es presidente de la escuela «Gendai Reiki Healing Kyokai», con sede en Kioto. Ambas escuelas siguen las técnicas originales enseñadas por el sensei Mikao Usui.

Para mantener una buena salud es fundamental una buena higiene. ¡Cuida bien tu cuerpo!

Tras cada seminario de reiki entregamos a nuestros alumnos un certificado; ese documento demuestra que los participantes han recibido la iniciación y las enseñanzas necesarias, y que ya forman parte de los linajes que nos llevan hasta el mismo sensei Mikao Usui.

Durante el baño debemos lavarnos bien las orejas, el cuello, las axilas, las partes íntimas y los pies. Son zonas del cuerpo por las que transpiramos mucho. No te olvides de ninguna parte corporal.

Para un reikiano que vaya a Japón le resultará muy interesante visitar el monte Kurama. En él existe una energía muy especial. Se trata de un lugar sagrado de meditación, de contemplación, de paz e inspiración que transmite mucha serenidad. Escuche simplemente el sonido del agua de los arroyos y el canto de los pájaros.

Las películas de violencia y de terror dañan la mente e impiden conciliar bien el sueño. Debemos escoger cosas adecuadas cuando veamos la televisión.

Mientras se encontraba en el monte Kurama, incluso después de su largo periodo de ayuno, Mikao Usui se sintió bien, fuerte y lleno de energía; hasta el punto de poder caminar de regreso hasta el monasterio, que quedaba aproximadamente a unos veinticinco kilómetros de distancia.

Debemos lavar bien las manos varias veces al día, principalmente antes de las comidas, antes y después de ir al servicio, después de jugar con animales y al regreso de la calle.

Mikao Usui se sentía fuerte y dispuesto a partir, en un estado muy diferente al que tenía en los últimos momentos de su periodo de meditación. No sentía en absoluto las consecuencias y los esfuerzos del retiro y del ayuno. Se levantó con entusiasmo y empezó a descender la montaña. Ese fue el primer resultado del reiki.

Antes de comer una fruta lávala muy bien. La mayor parte fueron tratadas con productos químicos agrícolas.

Durante el descenso de la montaña sagrada, con la prisa de regresar con sus descubrimientos recientes al monasterio zen en donde se alojaba, Mikao Usui tropezó en una piedra y se lastimó seriamente un dedo del pie.

Nuestro cuerpo tiene necesidad de un aporte de agua, por eso debemos beberla en una buena cantidad cada día. No te olvides de que debe ser filtrada o hervida en el caso de que no se trate de agua mineral.

El dedo lastimado empezó a dolerle tanto que se vio obligado a detener su caminata de regreso. Instintivamente, Mikao Usui puso las manos sobre el dedo utilizando los símbolos del reiki. En poco tiempo el dolor desapareció y el dedo comenzó a recuperarse. Ese fue el segundo resultado del reiki.

Debemos ponernos ropa limpia diariamente, después del baño.

El tercer resultado del reiki se produjo durante el camino de regreso al monasterio. Al pie de la montaña se detuvo en un pequeño albergue y pidió de comer. Sería su primera comida después de todos aquellos días de ayuno.

Ten las uñas siempre limpias y cortas. En las uñas largas se acumula la suciedad y los microbios. Si lo necesitas, solicita la ayuda de un adulto para que te las corte.

El anciano que lo atendió en el albergue, al ver el estado en que se encontraba su ropa y su barba, se dio cuenta de que aquel peregrino acababa de hacer un largo retiro en ayuno, y lo animó para que hiciese una comida especial, más suave, a fin de que no dañase su estómago.

Debes tener el cabello limpio, lavado con productos adecuados, corto y bien peinado. ¡Cuídalo!

Mikao Usui rechazó lo que le proponía el dueño del albergue y pidió una comida completa. Sentado en un banco bajo un árbol comió lo que había pedido sin tener ningún problema digestivo. Ese fue el tercer resultado del reiki. Mientras tanto advirtió que la nieta del hombre que le había servido estaba llorando, y que la pequeña tenía hinchado parte del rostro.

No andes descalzo por lugares que no estén limpios. Procura hacerlo solo en la playa, alrededor de la piscina, en un prado o en tu casa, si el suelo no está muy frío.

Después de tomar un baño y comer algo, Mikao Usui fue a ver a su amigo. Mientras le hablaba de las experiencias que había vivido en el monte Kurama, colocó sus manos sobre la zona dolorida del enfermo y empezó a aplicarle la energía reiki. Muy rápidamente los dolores que sentía el anciano monje empezaron a desaparecer.

Los cepillos dentales blandos son los mejores para limpiarnos los dientes.

Mikao Usui le dijo a su amigo que, finalmente, había encontrado lo que había esperado encontrar durante tantos años de investigación y de búsqueda. Le habló también sobre la meditación y las visiones. En esta ocasión llamó reiki a la energía que le había aplicado.

Después de cada comida, hemos de acordarnos siempre de limpiar muy bien los dientes.

El siguiente paso dado por Mikao Usui fue poner en práctica la técnica reiki. Después de algunas semanas de permanencia en el monasterio con los monjes, en donde se discutió abundantemente el asunto, Mikao Usui decidió llevar su técnica a todo el mundo, enseñando, como maestro, su descubrimiento a cuantas personas quisieran conocerlo.

Para limpiarnos los dientes con el cepillo dental hemos de hacerlo siempre sin presionar. Empieza por la parte superior o inferior, con un movimiento del cepillo que vaya de las encías a los dientes.

En abril de 1922, el sensei Mikao Usui trasladó su residencia a Tokio, capital de Japón. En esa ciudad abrió una clínica en la que se ofrecía el tratamiento con reiki. La gente, que venía de todas partes para pedir ayuda para sus dolencias, formaba largas colas a la puerta de la clínica.

Debemos utilizar una buena marca de crema dental que limpie y , al mismo tiempo, proteja nuestros dientes.

Al iniciar la enseñanza y el tratamiento del reiki a sus alumnos, el sensei Mikao Usui primero les daba una orientación para que no cayesen enfermos, mostrándoles los «Cinco principios del reiki» que él había aprendido con el sabio emperador japonés Meiji. Esos «Cinco principios» constituyen la base de la técnica del reiki.

Es bueno que utilicemos el hilo dental tras cada comida para retirar los restos de alimentos que se hayan quedado entre los dientes y que no sean fáciles de eliminar con el cepillo dental.

Todo reikiano debe observar cada día y poner en práctica los «Cinco principios del reiki», a saber:

1. «Solo por hoy, no se enoje.»
2. «Solo por hoy, no se preocupe.»
3. «Solo por hoy, exprese su gratitud.»
4. «Solo por hoy, sea aplicado y honesto en su trabajo.»
5. «Solo por hoy, sea amable con los demás.»

No muerdas el bolígrafo, el lápiz u otros objetos. Eso es dañino para los dientes y tampoco es higiénico; además, corres el riesgo de tragarte parte de esos objetos.

Sentimos ira cuando alguien contraría nuestros deseos. La ira y el odio generan mucha infelicidad, perjudica la salud de nuestro cuerpo y daña nuestra mente. Ciega la razón. Cuanta más ira generemos, menos paz y felicidad sentiremos. La ira es un veneno, una fuente de destrucción que se acumula en las células de nuestro cuerpo.

Debemos visitar al dentista dos veces al año, sin protestar. Él nos ayuda a tener siempre en buen estado nuestra dentadura.

Cuando estamos preocupados por algo, sufrimos en vano si el problema no se produce, y volvemos a sufrir si tiene lugar. Nuestra salud mejora, casi inmeditamente, cuando desaparece nuestra preocupación. El niño nace feliz porque nace sin preocupaciones. El adulto puede perder la felicidad si vive preocupado.

Camina en la calle siempre por la derecha, y presta atención por dónde andas.

La gratitud es la flor más bella que brota del alma. Las palabras de gratitud son dulces para el que las escucha, pero a veces son difíciles de pronunciar. Son como joyas raras que no estamos acostumbrados a usar. La gratitud nos coloca en sintonía con el «Principio de la abundancia». Y, probablemente, es el más difícil de seguir de los «Cinco principios del reiki».

Cuando vayas andando por la calle y veas que alguien viene en sentido opuesto, desvíate hacia la derecha para evitar tropezar con esa persona.

El trabajo es la fuente de toda riqueza y cultura. El trabajo es fundamental. Sin él surgen las preocupaciones y de estas nacen las dolencias. Cada persona debe buscar la profesión que le pide su propia vocación y hacer que su trabajo le resulte agradable; es decir, ha de intentar ser lo que quiere ser. Es preciso que cada uno haga su trabajo con amor y también con entusiasmo.

Si cuando estás caminando llegas a ropezar con otra persona, pide disculpas y procura tener más cuidado en adelante.

Cuando el sensei Mikao Usui habló del principio «sea amable con los demás», estaba mostrando el mismo propósito que tuvo Jesús cuando dijo: «Haz a los demás lo que quisieras que te hicieran a ti». Jesús nos advirtió de que «pagáramos hasta el último centil de nuestros actos». Cada persona recoge lo que ha sembrado. Podemos esperar de los demás lo que les hicimos a ellos.

No camines por la calzada en lugar de hacerlo por las aceras. La calle es un lugar muy peligroso.

En septiembre de 1923, Tokio quedó devastada por el terrible terremoto Kanto. Se produjeron millares de muertos y heridos. El sensei Mikao Usui utilizó la técnica del reiki en la ciudad devastada para devolver la salud a las víctimas que lograron sobrevivir.

Cruza la calle solo cuando tus padres te autoricen a hacerlo; y aun así, ten mucho cuidado cuando lo hagas. Mira a ambos lados antes de atravesar la calzada.

El sensei Mikao Usui recorrió todo el Japón invitando a cuantas personas sentían tristeza, depresión o problemas de salud a que asistieran a sus clases de reiki. Llegó a ser condecorado por el emperador de Japón por sus enseñanzas y por sus tratamientos practicados con ideales amorosos.

Cruza la calle solo por los pasos de cebra. Son más seguros. Aun así, presta mucha atención al hacerlo.

Antes de fallecer, el sensei Mikao Usui fundó una organización en Tokio: la «Usui Reiki Ryoho Gakkai», que sigue existiendo y presta sus servicios hasta el día de hoy. En ella se ponen en práctica las enseñanzas de la técnica reiki. Uno de mis maestros, el sensei Doi Hiroshi, es miembro de esta organización.

Atraviesa la calle solo por donde haya paso para peatones; pero no pases sin antes mirar bien a ambos lados de la calle.

El sensei Mikao Usui, antes de morir, instruyó a varios maestros de reiki, dejando también algunos sucesores de su labor. A estos se trasladó la responsabilidad de preservar la tradición de la técnica del reiki. También quedó establecido que serían ellos quienes deberían proteger y transmitir la esencia original de sus enseñanzas.

Camina con calma, sin correr. Trata de aprovechar esos momentos para prestar atención a tu respiración.

El doctor Chujiro Hayashi fue uno de los maestros que asumió con mucha dedicación la responsabilidad de enseñar la técnica reiki. Al formar nuevos reikianos estableció la seguridad de que la técnica reiki se perpetuase, y continuase ejerciéndose como la había practicado el propio sensei Mikao Usui.

Habla en voz baja y evita los gritos. A nadie le gusta el griterío.

Chujiro Hayashi había nacido en 1878 en el seno de una familia rica, culta y de buena condición social. Era médico y comandante de la Marina Imperial japonesa. Hablaba inglés, cosa que no era muy corriente en aquella época en el Japón. Al igual que el sensei Mikao Usui el sensei Chujiro Hayashi era persona de grandes virtudes.

La calle es de todos. Tira las envolturas de los caramelos, chicles y demás golosinas en la papelera. Si no encuentras una en tu camino, guárdalas en el bolsillo hasta que la encuentres.

El doctor Hayashi conoció al sensei Usui en una de las conferencias dadas por éste. Tenía el mismo objetivo de ayudar a los demás; aunque no tenía más que cuarenta y siete años y era una persona joven, estaba jubilado de la Marina. Se decidió entonces a viajar con el maestro Usui, acompañándolo como discípulo y aprendiendo sus tratamientos y enseñanzas.

Los aparatos de música no deben funcionar a un volumen que pueda molestar a los demás.

Como sucedió en los casos de Jesús y Buda, Mikao Usui no dejó ningún escrito de su propia mano. En febrero de 1927 se construyó un memorial en su honor. Se trata del Memorial del sensei Mikao Usui que está abierto a las visitas y se encuentra en un cementerio público junto al templo Saihoji, en Tokio.

Nunca señales a otras personas con el dedo. Es una falta de educación.

El memorial consiste en una única piedra de cerca de 1.20 metros de ancho por 2,5 metros de alto. En esta piedra se encuentra escrito, en antiguos *kanjis* de la lengua japonesa, un relato de la vida del sensei Mikao Usui, la experiencia de su descubrimiento y el uso de la técnica reiki. Cerca de la piedra se colocaron las cenizas procedentes de la cremación del sensei y de su familia.

Nunca enseñes la lengua a nadie, a no ser al médico. Es un gesto de mala educación.

La inscripción que figura en la gran piedra del memorial fue tallada por Masayuki Okada, doctor en Literatura y miembro de la «Usui Reiki Ryoho Gakkai»; y fue escrita por el contralmirante Juzaburo Ushida, que se convirtió en presidente de la organización a la muerte del sensei Mikao Usui, su primer dirigente.

Evita meter el dedo en la nariz. Si fuera necesario utiliza un pañuelo. Si te es posible esperar, límpiate la nariz en el baño, cuando realices tu higiene personal.

La clínica Shinanomachi del doctor Hayashi disponía de ocho camas, en cada una de las cuales dos reikianos trataban a los enfermos. En aquel tiempo los riesgos quirúrgicos eran muy grandes. La penicilina no fue un tratamiento universal hasta después de 1945, por lo que cualquier pequeña infección hospitalaria podía resultar mortal.

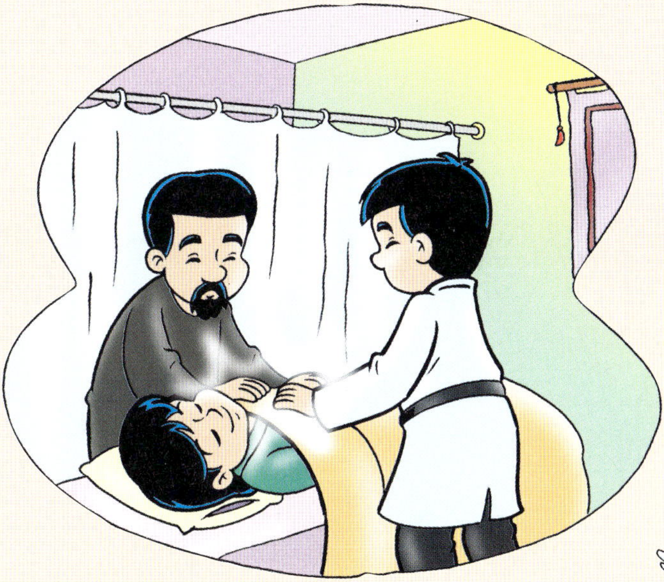

Juega con tus patines y con las tablas de skate solamente en los lugares apropiados para ello. Y no te olvides del casco y de los guantes.

En su clínica, el doctor Chujiro Hayashi no contó con la ayuda del Gobierno. Sin embargo, logró mantenerla durante más de quince años gracias a la colaboración de quienes podían pagar por los tratamientos, y a los excelentes resultados que obtuvo. También atendía a aquellos que carecían de medios para pagar las sesiones.

Cuando te metas en el coche, lo primero que has de hacer es cerrar con seguro la puerta y colocarte el cinturón de seguridad. Los niños solo pueden ir en los asientos traseros.

La clínica llegó a ser reconocida como una alternativa válida y eficaz para todo tipo de tratamientos de los problemas de salud. En ella solamente se trataba a los enfermos según la técnica reiki. Los terapeutas recién formados también visitaban a domicilio a aquellas personas que, por algún motivo, no podían abandonar sus casas.

Cuando vamos en coche, no debemos sacar por las ventanillas ninguna parte de nuestro cuerpo. ¡Es muy peligroso!

El doctor Chujiro Hayashi realizó detallados informes de sus tratamientos. Disponía de una amplia documentación que demostraba que la energía reiki encuentra el origen de los síntomas físicos y revitaliza el organismo. Insistía en que esta energía trata al enfermo y no a las enfermedades.

Si tu coche carece de papelera o de lugar para los residuos, consérvalos hasta que llegues a una papelera.

Chujiro Hayashi utilizó sus informes para conformar las posiciones de aplicación de la energía, y organizar los distintos niveles de enseñanza del reiki. Denominó a esta técnica «Sistema Usui», y la estructuró de manera que todo el mundo pudiera utilizarla, sin necesidad de conocimientos médicos previos.

La basura que se tira en la calle ensucia a la ciudad, atasca el alcantarillado y es causa de inundaciones cuando llueve.

Sabemos que el sensei Hayashi era una persona responsable, práctica y de mucho criterio. Trabajó intensamente en su clínica haciéndola famosa, respetada y próspera. La clínica Shinanomachi adquirió tal prestigio que llegó a ser visitada incluso por el emperador del Japón. Millares de personas se trataron en ella y fueron entrenadas también en ese establecimiento en las técnicas del reiki.

Aguarda la llegada del autobús o del transporte escolar en la acera y nunca cerca de la calzada.

Lejos de la clínica vivía Hawayo. Había nacido el 24 de diciembre de 1900 en la Isla de las Flores de Kawai, en Hawái. Era hija de campesinos, una pareja de inmigrantes japoneses Kawamuru. A Hawayo le pusieron ese nombre sus padres en honor a la gran isla en donde había nacido, añadiendo al nombre la letra «o», que en japonés designa el nombre de las niñas.

Aguarda a que el autobús o el coche se encuentre completamente parado para entrar o para salir de él.

Hawayo Kawamuru no tenía una estructura física tan fuerte como sus padres. Era una chica esbelta, medía un metro cincuenta de estatura, tenía unas manos delicadas y unos ojos vivos y alegres. Hawayo le pedía a Dios que le permitiese hacer con sus manos algún tipo de trabajo que no estuviera solamente dedicado a las faenas del campo.

No les pidas ni aceptes nada que te puedan ofrecer desconocidos.

Hawayo trabajaba en el campo como ayudante en la recolección del bambú y de la caña de azúcar. Hacia el año 1914 ya daba clases a los niños de primaria en una escuela religiosa local. Así pues, con apenas catorce años de edad ya tuvo su primera experiencia como profesora.

Debemos mostrarnos educados en el autobús, cediendo el asiento a aquellas personas que tengan problemas para ir de pie, a las mujeres que llevan niños en brazos, a las embarazadas y a las personas delicadas.

También tuvo Hawayo otros trabajos como ayudante en un pequeño establecimiento y, más tarde, como empleada de hogar en una mansión colonial de una gran dama, en donde permaneció, dadas sus características de laboriosidad y honradez, durante muchos años. Llegó a ocupar el puesto de gobernanta, teniendo a su cargo a unos veinte empleados de la residencia.

Cuando vayas en el autobús o en el transporte escolar evita los gritos, los empujones y las peleas. No distraigas tampoco al conductor ni te pongas a hablar con él.

El 10 de marzo de 1917 Hawayo Kawamuru contrajo matrimonio con Saichi Takata, un joven contable que trabajaba en la misma residencia en la que ella prestaba sus servicios. Vivieron felices durante varios años durante los cuales tuvieron dos hijas. Pero en 1930 murió Saichi Takata, con apenas treinta y cuatro años de edad, y la dejó viuda.

Cuando utilices el metro ten cuidado de no traspasar la banda amarilla de seguridad, y presta atención a las puertas automáticas.

Hawayo Takata decidió entonces ir al Japón para comunicar a sus padres el fallecimiento de su marido. Allí se hizo un reconocimiento médico en el hospital Maeda, en el que había sido tratado su marido antes de fallecer. Hawayo Takata también llevó las cenizas del difunto al templo Othani, en donde se encontraba el cementerio de su familia.

Cuando te encuentres en una escalera automática, deja un escalón de distancia con la persona que va delante. Trata de dejar libre los laterales.

Encontrándose ya en el Japón, tras diez días de viaje por mar, Hawayo Takata se sometió a una serie de exámenes médicos que revelaron que tenía un tumor abdominal, piedras en la vesícula y problemas en el apéndice, razón todo ello de que padeciese constantes dolores de estómago y le resultase difícil caminar erguida.

No te separes de la persona adulta que te acompañe en el parque, en los centros comerciales, el supermercado, el aeropuerto, en la playa o en la calle. Si te extravías, busca a un policía para que te ayude.

Hawayo Takata fue ingresada para ser sometida a una delicada operación quirúrgica. Cuando ya se encontraba en el quirófano, pocos minutos antes de ser intervenida, Hawayo escuchó varias veces una voz interior que le decía: «No es necesaria una operación». Ella creyó que aquella voz era la de su marido muerto, que la estaba avisando de que evitase aquella operación tan arriesgada.

Apaga tu móvil, o déjalo en silencio, cuando te encuentres en la iglesia, en clase, en el cine o en el teatro. Mantenerlo activo para que suene es una falta de educación y de respeto hacia los demás.

Hawayo Takata no guardó para sí lo que había estado «escuchando». Comunicó el «aviso» al médico responsable, el doctor Maeda, que era una persona muy espiritual. Entonces el médico buscó otro método para tratarla. Canceló la operación, e indicó un tratamiento con reiki en la clínica Shinanomachi del doctor Hayashi.

Cuando vayas al cine o al teatro habla bajo para no molestar a los demás. Tampoco permanezcas en pie, conversando o jugando para no incomodar a los asistentes.

La señora Shimura, hermana del doctor Hayashi, era nutricionista en aquel hospital. Habló con Hawayo Takata acerca de los tratamientos y de los excelentes resultados que había obtenido el maestro de reiki Chujiro Hayashi. Asimismo, le comentó que ella misma había salido de un coma profundo, después de haberse agotado todos los recursos médicos.

Nunca tomes nada que no te pertenezca sin pedir permiso a los mayores. Una vez que te lo hayan concedido, no te olvides de devolver lo que has utilizado y de dar las gracias.

Encontrándose ya en la clínica Shinanomachi, Hawayo Takata empezó a recibir diariamente el tratamiento con la energía reiki que le aplicaban simultáneamente dos reikianos. Al cabo de cuatro meses la mujer se encontraba completamente recuperada de todos sus problemas de salud. Había ganado cinco kilos de peso y parecía diez años más joven.

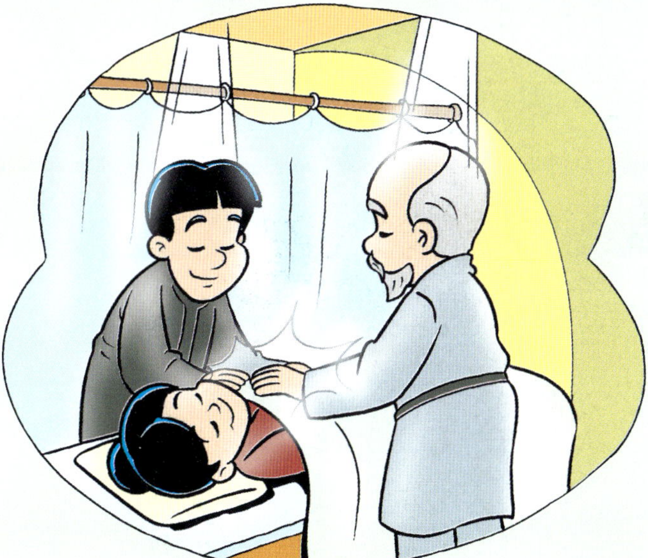

Evita las peleas, pero trata siempre de defenderte.

Durante el tratamiento que estaba recibiendo, Hawayo Takata no podía comprender cómo las manos de aquellas personas que la trataban podían estar tan calientes. Llegó hasta el punto de pensar que aquellos reikianos escondían algo en las manos. Hawayo Takata fue la primera occidental que sintió deseos de aprender la técnica reiki.

Practica una cultura de paz respetando las diferencias raciales, sociales, culturales y religiosas de las demás personas.

En la sociedad japonesa de aquella época la técnica reiki era un tesoro que estaba reservado, algo inaccesible a los extranjeros. Por tal motivo, Hawayo vio rechazada su primera solicitud. Solamente tras utilizar profundos argumentos, como el querer ayudar a los japoneses que vivían en los Estados Unidos le fue concedida la autorización para aprender la técnica.

Respeta las colas y no trates de colarte; porque además de estar mal, imagínate qué sucedería si todos tuvieran la misma idea.

Hawayo decidió quedarse en el Japón y trabajar diariamente en la clínica de reiki durante todo aquel año, con objeto de adquirir la experiencia necesaria, dispuesta a pagar el curso que estaba recibiendo. Se le acogió, conjuntamente con sus dos hijas, en el hogar del doctor Hayashi, recibiendo el primer nivel de reiki en la primavera de 1936.

No hagas ruido y sé silencioso cuando visites un hospital. Los enfermos necesitan silencio y reposo para restablecerse.

Hawayo Takata trató muchos y muy diferentes casos de enfermades con gran éxito, y tuvo muy presente que para tratar el efecto era preciso conocer y remover la causa. Una vez que superó satisfactoriamente las pruebas del primer nivel, se dispuso a recibir la preparación para acceder al segundo nivel.

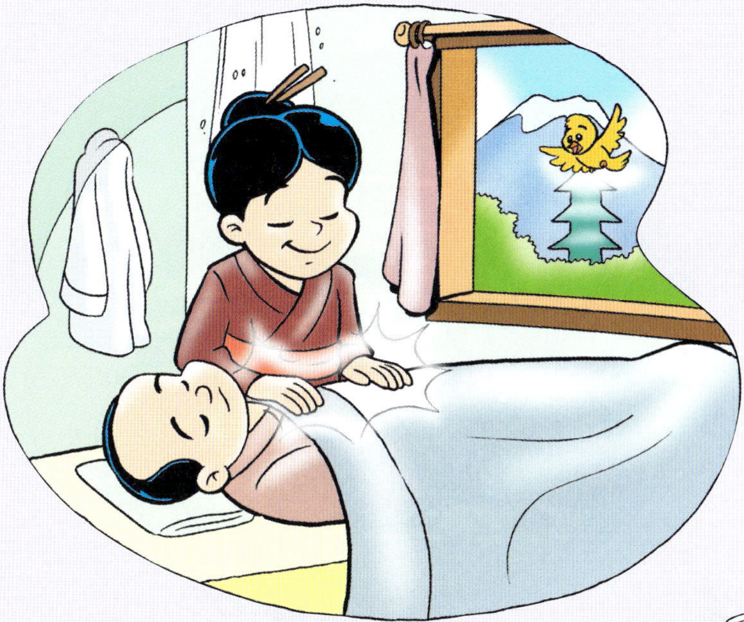

Cuando visites un hospital quédate siempre al lado de los mayores y no toques ningún objeto. Si tienes necesidad de utilizar los servicios o el pasamanos de la escalera, lávate las manos inmediatamente.

El 22 de febrero de 1938, antes de dejar Hawái rumbo nuevamente al Japón, el sensei Hayashi comunicó a todo el mundo que Hawayo Takata era Maestra de reiki y estaba autorizada a transmitir las enseñanzas de la técnica. Ella constituía el séptimo de los maestros que había instruído, y la primera mujer Maestra de reiki de Occidente, siendo la única de su categoría hasta el año 1970.

Diga «gracias» a la hora de despedirse de alguien a quien haya invitado a una fiesta.

El sensei Chujiro Hayashi, además de ser persona muy intuitiva, poseía una visión muy clara de los acontecimientos que tenían lugar en su época. Como militar, presintió, en el año 1938, que iba a tener lugar una gran guerra entre Japón y los Estados Unidos de América, y que en ella serían muchos los soldados que morirían en combate.

Los niños dicen «agradecido» y las niñas «agradecida». Esta es una palabrita mágica que resulta muy beneficiosa en su vida.

El sensei Chujiro Hayashi, como reservista que era de la Marina japonesa y miembro de una antigua y tradicional familia del Japón, no podía negarse al deber que tenía contraído con su país. Por otro lado, tras muchos años como médico y maestro de reiki, tampoco podía aceptar el hecho de tomar parte en la guerra, pues no le estaba permitido quitar la vida a otros seres humanos.

Di gracias incluso en aquellos casos en que no aceptes algo que te haya sido ofrecido.

El bondadoso y consciente maestro de reiki Chujiro Hayashi, al no desear ser reclutado para tomar parte en la violencia que se aproximaba, trató de encontrar por todos los medios posibles una alternativa pacífica, pero no logró hallarla.

No corras ni juegues con el carrito del supermercado. Si tuvieras que empujarlo presta atención a las personas y a las estanterías. De este modo evitarás accidentes.

En 1940, el maestro de reiki Hawayo Takata tuvo en un sueño la visión nítida del sensei Chujiro Hayashi vestido con un quimono de seda blanca (que es el color que se utiliza en Japón para el luto). Sintiéndose muy angustiada y llena de preocupación Hawayo, muy inquieta, resolvió ir al Japón para comprobar lo que estaba sucediendo con su maestro.

Da las gracias cuando alguien te sirva un plato en tu casa, en la casa de un amigo, en una fiesta o en un restaurante.

Cuando Hawayo Takata llegó al Japón, el sensei Hayashi le habló de la guerra, de cuál de los dos países en contienda sería el vencedor, de lo que ella debería hacer y adónde tendría que ir para evitar los peligros que comportaba su condición de ciudadana estadounidense con hijos japoneses. Hawayo siguió fielmente las orientaciones recibidas, a fin de proteger la divulgación de la técnica reiki.

Cuando salgas de casa, lleva siempre contigo un documento identificativo en el que figure tu nombre, tu dirección y el número de teléfono de la persona que se responsabilice de ti.

Una vez tomadas todas las providencias necesarias para preservar la técnica reiki, el doctor Hayashi reunió a la familia de maestros que había formado, nombró a Hawayo Takata como una de las responsables para la divulgación de la técnica reiki, y comunicó a todos que estaba a punto de morir.

Es una cosa muy fea abrir los envases existentes en un supermercado o comer algún producto de los que allí se encuentran, antes de pasar por caja. Puedes hacerlo una vez que hayas pagado la compra.

Sentado a la manera tradicional japonesa, el sensei Chujiro Hayashi cerró los ojos y dejó conscientemente su cuerpo, en medio de los amigos que lo rodeaban. Vestía el mismo quimono que Hawayo había visto en el sueño que la obligó a ir al Japón. En ese momento, e incluyendo a la señora Chie Hayashi, solamente había cinco maestros de reiki vivos, todos los cuales habían sido iniciados por el sensei Hayashi.

Si cuando te encuentras en la calle le pides algo a tu madre o a tu padre y ellos no te lo compran, no te pongas a llorar o a gritar. Seguramente tuvieron buenos motivos para no comprarte lo que les has pedido.

La sensei Hawayo Takata se quedó poco tiempo en el Japón para ayudar a los preparativos del funeral del sensei Hayashi. Siguiendo las instrucciones que este le había dado terminó su trabajo en aquel país y regreso por barco a Hawai, con el fin de dar continuidad a la misión que se le había encomendado de divulgar la técnica de reiki en el mundo de Occidente.

Cuando pidas ayuda o solicites de alguien alguna cosa, utiliza la frase mágica: «por favor».

Como deseaba tener un mayor conocimiento de la fisiología y de la anatomía humanas, la sensei Hawayo Takata estudió en la «Universidad nacional de medicina sin medicamentos» (National College of Drugless Physicians) que existía en Chicago. Se convirtió así en una experta reikiana, capaz de introducir la técnica del reiki en Occidente.

Utiliza siempre la fórmula «por favor» cuando tengas que usar el teléfono fuera de tu casa. En la tuya trata de ser breve, porque de esa manera ahorrarás un dinero que podrá ser empleado en otra cosa.

Se dio cuenta de que todas aquellas personas que eran iniciadas en la técnica reiki de forma gratuita no llegaban a darse cuenta de la grandeza del método y, por tal motivo, no le concedían su justo valor. Se acordó entonces de que el sensei Hayashi ya les había advertido de esa posibilidad. Así pues, decidió estipular un coste económico para la iniciación, según los diferentes niveles de la técnica.

Di «por favor» antes de preguntar a una persona qué hora es.

A lo largo de treinta años, la sensei Hawayo Takata estuvo dirigiendo seminarios, trató a personas enfermas y divulgó la técnica del reiki. Durante ese tiempo sintió la necesidad de iniciar a sus alumnos en todas las enseñanzas de la técnica; de este modo, decidió iniciar a veintidós maestros, recomendándoles que respetaran el liderazgo de su nieta Phyllis Lei Furumoto.

Cuando te sientas arrepentido por algo indebido que hayas podido hacer, pide disculpas. Al obrar así demostrarás que eres una persona de carácter.

El maestro de reiki Hawayo Takata falleció el 12 de diciembre de 1980. Sus cenizas fueron colocadas en el templo budista de Hilo. Recientemente, dichas cenizas fueron trasladadas por su nieta Phyllis Lei Furumoto a un lugar desconocido de la comunidad reikiana.

Cuando cometas una falta con alguien trara de reconocer tu error y no te olvides de buscar a esa persona para pedirle disculpas. Esfuérzate en obrar siempre de esa manera, por más difícil que pueda resultarte.

Siendo todavía una niña, su nieta Phyllis Lei Furumoto recibió la iniciación del primer nivel, directamente de su abuela. En el transcurso de los años posteriores al fallecimiento de Hawayo Takata, Phyllis asumió la responsabilidad de dar continuidad a la divulgación de la técnica del reiki en Occidente.

Cuando tropiezes con alguien sin querer, no te olvides de pedirle disculpas.

La técnica del reiki se convirtió en el método de autoayuda y de terapia complementaria de mayor expansión en todo el planeta. Prácticamente no existe ningún país del globo en el que todavía no haya sido enseñado y practicado el reiki, ya se trate de las dos Américas, de Europa, Asia, África u Oceanía.

Si llegas con retraso a una reunión concertada o al aula de la clase, no te olvides de pedir disculpas por ese retraso.

En España, los primeros cursos de reiki fueron introducidos en los años ochenta por maestros de reiki que vinieron de los Estados Unidos para difundir la técnica. En esa época, nadie conocía el reiki en España.

Es muy importante que devolvamos las cosas que nos han sido prestadas. Si te has retrasado u olvidado de devolverlas, no pasa nada, pero es conveniente que te disculpes por ese retraso.

En Brasil, mi país de origen, tengo el honor y la alegría de haber sido escogido para dar los cursos de la técnica reiki a personas muy conocidas y queridas del pueblo brasileño.

Cuando no obedezcas algo que se te ha mandado, o des una mala constestación a alguien, pide disculpas por tu comportamiento.

En el mes de diciembre de 2001, el famoso cantante Roberto Carlos estuvo en un programa de televisión e hizo la siguiente declaración: «Soy un reikiano de nivel 3-A. El reiki es una cosa maravillosa, y solamente un reikiano puede conocer el valor que tiene esta técnica. Trabajamos con las buenas energías que hay en el ambiente. No se trata de una religión».

Creas una energía muy positiva en tu entorno al saludar adecuadamente a los demás.

Aunque tiene sus fundamentos en el budismo, la técnica reiki no está vinculada a ninguna religión. El reiki es sagrado, pero no es una religión. Cualquier camino espiritual puede enriquecer al reiki, y este puede asimismo enriquecer a cualquier camino espiritual. El reiki se adapta a cualquier cultura, raza, credo o edad.

Mira a los ojos de la persona a la que estés saludando.

Aunque el reiki no sea una religión, los reikianos japoneses, por lo general, son personas religiosas que practican el budismo o el zen, que es la forma de budismo más conocida y practicada entre los reikianos del Japón. El zen, sin embargo, no es una religión sino que constituye toda una filosofía de vida.

Cuando por las mañanas veas a alguien dále los buenos días.

La esencia de las enseñanzas del Buda es evitar el mal, procurar el bien y mantener pura la mente. Buda, fundador del budismo y líder espiritual de Oriente, nació en Kapilavastu, en la región del Nepal. Hijo del rey Suddhodana, abandonó toda su fortuna para dedicarse a enseñar la verdad.

Saluda a tus vecinos y conocidos al encontrarlos en el ascensor, en el colegio o en la calle.

Reiki es una palabra japonesa. «Rei» significa «universal», y hace referencia a la energía que mantiene todas las cosas y todo cuanto existe. «Ki» es la energía vital individual que fluye de todos los organismos vivos y los mantiene con vida. Cuando la energía «ki» abandona el cuerpo, deja de tener vida.

Saluda a los profesores y a los empleados cuando llegues al colegio.

La «Energía cósmica universal» es algo tan presente y natural como el aire que respiramos. El reiki es un proceso de encuentro entre la Energía Cósmica Universal (rei) y nuestra energía física (ki). Esta unión se produce después de que se haya hecho el proceso de iniciación o de sintonización, llevado a cabo por un maestro con experiencia.

Saluda siempre a las visitas que llegan a tu casa, sin que tus padres tengan necesidad de recordártelo. De esa forma todos se sentirán contentos.

La energía reiki está a disposición del reikiano las veinticuatro horas del día, independientemente de la situación, del lugar o de quien la practique. Una persona puede aplicar reiki en cualquier lugar, ya sea en el colegio, antes de un exámen, en la sala de espera de un médico, en un avión, en el autobús, en el taxi, en la cama, o antes de conciliar el sueño.

Antes de irte a dormir despídete de las personas que haya en tu casa con un «buenas noches». No te olvides de hacer una oración agradeciendo el día que has vivido.

Una vez que se ha establecido la conexión entre las dos energías, la eneregía universal entra en el cuerpo del reikiano a través de la cabeza (chakra coronario), inunda todo el cuerpo y en seguida fluye del corazón (chakra cardíaco) hacia las manos. El reiki es una energía de amor que se canaliza a través de nuestro corazón. Toda la energía de salud es una energía de amor.

Estrecha la mano de las personas mayores cuando las saludes.

El bambú es el símbolo de la técnica reiki. Por su sencillez, resistencia al viento, rectitud y perfección puede representar muy bien el funcionamiento de la energía. El bambú, aunque es fuerte también es flexible, por lo que sirve para fabricar muebles y para utilizar en la construcción.

Trata a los mayores de señor o señora, sin discriminación, ya se trata de personas humildes o importantes.

El tronco del bambú se encuentra hueco entre sus distintos nudos, representando a aquellos que escogieron ser canales del reiki. Esos nudos simbolizan los diferentes estadíos del camino, representan el objetivo de nuestro viaje interior, de nuestro crecimiento y evolución.

Cuando estés con un amigo y te encuentres con otra persona que para él es desconocida, haz las debidas presentaciones.

Cuando decidamos hacernos reikianos es necesario que busquemos un maestro que posea experiencia, y participar personalmente en un ritual de iniciación. Un auténtico maestro de reiki ha recibido una serie de transmisiones de energía, y se encuentra capacitado para activar esa energía en otras personas.

Deja siempre que los mayores hablen primero.

En Oriente, la palabra «maestro» carece de género, por lo que no es masculina ni femenina, por ello se emplea el término «maestro» para los dos sexos. El maestro de reiki es un instructor. En Occidente se le llama maestro o *Reiki master*, en el Japón *sensei*. En este país, el alumno se dirije siempre a su profesor con el término *sensei*.

Cuando te encuentres sentado, levántate para saludar a una persona. Este gesto es una demostración del respeto y del cariño que sientes por ella.

En estos casos, la palabra «maestro» no quiere decir que se trate de una persona iluminada, como Jesús, o Buda, ni de alguien que tenga poder sobre los demás, que sea mejor que los alumnos o que pertenezca a una jerarquía superior. El maestro de reiki debe evitar ser venerado o idolatrado por sus alumnos. Todos somos semejantes.

Cuando presentes tus padres a otra persona, presenta primero a tu madre y, después, a tu padre. Debemos presentar primero a las mujeres y después a los hombres.

En la actualidad existe un gran número de seminarios de reiki, lo cual beneficia a la técnica, al planeta y a la humanidad. No obstante, tal profusión de cursos, maestros y seminarios puede crear cierta dificultad a la hora de escoger el maestro o el seminario que uno considera como el más adecuado.

Cuando quieras pasar entre otras personas o adelantarlas, pide siempre permiso. Nunca empujes a los demás.

Algunos maestros mezclan conocimientos esotéricos o místicos con la práctica original. Como no existen criterios oficiales que puedan servir de referencia para la enseñanza del método, al alumno que se inicia le resulta todavía más difícil distinguir y valorar lo que en realidad es el reiki, y si lo que va a conocer será suficiente para llevar a cabo la práctica.

Cuando quieras entrar o salir del aula de clase pide permiso al profesor. Si en ese momento él estuviera hablando no lo interrumpas. Levanta el brazo y espera a que te atiendan.

El candidato debe tratar de conocer al que ha de ser su maestro antes de empezar el seminario con él. Procure indagar sobre su trabajo, cuántos años de práctica posee, en dónde recibió su preparación y quién fue su maestro. La indicación que puedan hacer los amigos es un buen criterio a la hora de escoger un maestro de reiki.

Cuando tengas que interrumpir una conversación, pide permiso. Hemos de evitar interrupciones innecesarias.

Hágale al maestro preguntas de índole práctica sobre el contenido y el horario del seminario, indague si habrá un acompañamiento posterior, entérese del precio y de la diferencia de precios existente entre los distintos maestros. Finalmente, preste atención a su «voz interior», y ponga en práctica su intuición. No es bueno que actuemos de forma impulsiva.

Cuando quieras jugar con tus amigos en una fiesta pide permiso al entrar, o bien, pregunta si puedes participar en el juego.

Es necesario que el maestro de reiki ofrezca a sus alumnos referencias y bibliografía adecuadas sobre la técnica, a fin de que les sirva como una buena fuente de estudio. El buen maestro de reiki es aquel que forma buenos reikianos. Y el verdadero maestro no es el que tiene un mayor conocimiento, sino el que sabe transmitir más conocimientos a sus alumnos.

Tanto el colegio como nuestra casa son los lugares en donde nos enseñan a convivir con otras personas. Aprovecha esta experiencia porque ella te será útil en el futuro.

Considere la facilidad con la que algunos maestros inician a otros en la técnica del reiki, sin establecer ningún tipo de limitación y sin conocimientos que los avalen, sobre todo cuando imparten seminarios en aquellas ciudades en las que no residen. Recuerde que el verdadero maestro no es el que tiene más discípulos sino aquel que forma más maestros.

En la escuela y en el colegio pasamos gran parte de nuestro tiempo construyendo lo que será nuestro futuro y nuestra personalidad. ¡Haz buenas amistades!

El reiki es la democratización de la salud. Un analfabeto podrá convertirse en un excelente reikiano. La energía canalizada por una persona con baja formación cultural no es diferente en nada de la que pueda canalizar un profesional con muchos títulos académicos. Es una energía tan sencilla que incluso nos resistimos a creer que sea algo real.

Deberemos ser puntuales. Si se produjera algún imprevisto que nos obligue a un retraso, no dudes en explicar el motivo.

La técnica de reiki no requiere de diagnóstico alguno para tratar ni siquiera los problemas crónicos de salud. Esto es debido a que el reiki es una clase de energía inteligente, que penetra en el cuerpo del receptor a través de los canales de energía del cuerpo, y se dirige al foco, a la causa y origen de los desequilibrios o de las enfermedades existentes en el receptor.

Espera a que tu profesor termine de hablar cuando quieras resolver alguna que tengas en la clase. Levanta la mano, y cuando te hayan autorizado haz la pregunta. Una vez aclarada no te olvides de dar las gracias.

El reiki es amor. El poder utilizar el reiki es uno de nuestros derechos innatos ¡Utilícelo! Usted puede ser un reikiano a partir del momento en que concluya su periodo de preparación. Aprender la técnica de reiki no le exigirá mucho tiempo ni tampoco meses de estudio. Desde el principio aprendemos a trabajar con la energía. El reiki es una técnica de utilización inmediata.

No tires desperdicios en el aula de clase ni tampoco en el patio de recreo. Recuerda que el lugar para la basura es la papelera.

El principiante que toma parte en el seminario de nivel 1, ya puede aplicar la técnica de reiki con éxito tras llevar tan solo un día de clase. Los conocimientos que se dan son sencillos. Lo que se enseña son las posiciones de las manos. Nos damos cuenta, muy pronto, de que somos capaces de ayudar, tanto a nosotros mismos como de proporcionar bienestar al que lo necesita.

No hagas de la papelera una canasta de baloncesto. Levántate y acércate a la papelera para tirar la basura.

La mayor parte de los alumnos que asisten al nivel 1 de reiki participan en el seminario por haber escuchado los comentarios y las recomendaciones que les han hecho amigos o familiares. Muchos de esos primeros asistentes se inscriben posteriormente en el seminario motivados por el cambio de comportamiento que apreciaron en un familiar o en un conocido que ya consclujó su seminario.

El aula de la clase no es el lugar apropiado para comer o para mascar chicle. Utiliza los recreos para hacer eso.

La iniciación del «Sistema Usui de terapia natural» (reiki) es el método que hace del reiki algo totalmente distinto de otras prácticas terapéuticas conocidas a las que se puede acceder a través de libros, revistas, folletos, conferencias o búsquedas en internet, cintas de audio o de vídeo.

Pórtate correctamente cuando tu profesor se vea obligado a ausentarse del aula de clase por algún motivo.

Las iniciaciones en el reiki son muy precisas y tan solo pueden ser transmitidas por un maestro de reiki que haya sido debidamente preparado. Durante el ritual de iniciación el maestro pone en práctica una antigua técnica tibetana que vincula a la persona que recibe la iniciación con niveles más elevados de conciencia que constituyen la «Fuente ilimitada de la energía universal».

Cuida muy bien de las aulas de clase en tu colegio, ayudando a mantenerlas siempre en orden. No olvides que el colegio es nuestra segunda casa.

No se debe practicar la técnica de reiki sin haber tenido la oportuna iniciación y orientación. Quien practica reiki sin haber sido previamente iniciado no estará utilizando la energía reiki de forma adecuada, y puede comprometer su propia energía vital con resultados perjudiciales para la salud. Por otro lado, es necesario tener en cuenta que el reiki no desgasta al practicante pues no utiliza la energía del reikiano.

Tanto en el colegio como en otros lugares públicos no escribas en las paredes ni en las puertas de los baños.

Muchas personas tienen una sensación de miedo cuando hacen frente a situaciones desconocidas. En el reiki no existe nada, incluyendo el proceso de iniciación, que pueda perjudicar a la persona. Por el contrario, la iniciación en el reiki es un ritual de gran belleza. Se trata de un momento único, especial y sagrado.

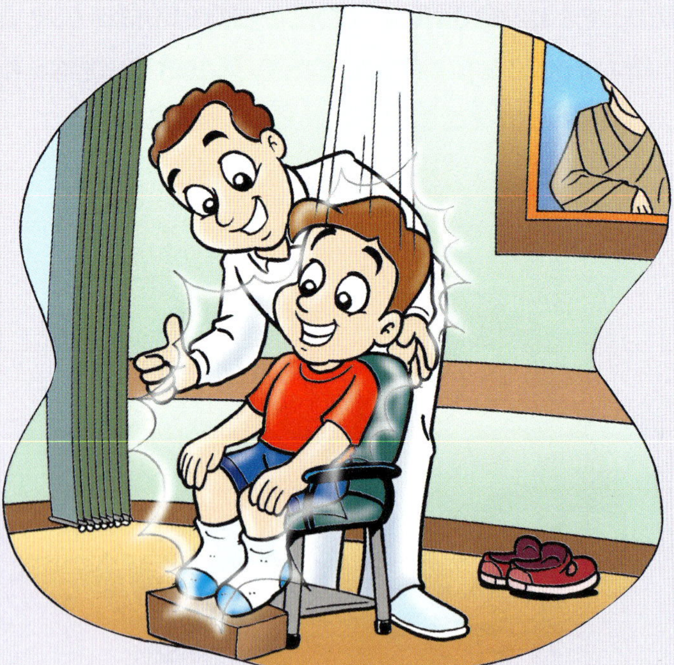

Si tu compañero de clase da una respuesta equivocada a una pregunta hecha por el profesor, no te rías ni te burles de él. Es posible que tú también te equivoques en alguna ocasión y no te gustaría que se rieran de ti.

La energía reiki procede directamente de la más elevada «Fuente espiritual», por lo que las iniciaciones deberán ser tratadas con el máximo respeto. Hemos de aprovechar esa oportunidad única. Tal proceso constituye un regalo, un verdadero milagro.

Si alguno de tus compañeros se retrasara en llegar a clase no te rías de él, porque no conoces el motivo de ese retraso.

La sensei Hawayo Takata, introductora del reiki en Occidente, acostumbraba comparar la iniciación de un reikiano con la sintonización de un aparato de radio o de televisión. Para poder acceder a un determinado canal es necesario que sintonicemos el aparato con la frecuencia adecuada de la red transmisora.

No pongas motes a tus compañeros de clase ni los ridiculices por sus diferentes características, ya se trata de diferencias físicas o de cualquier otra especie. Respétalos tal como son.

Para que nos podamos conectar con la «Energía cósmica universal» debemos estar sintonizados con ella. Para muchas personas el importante momento de la iniciación marca sus vidas de una forma significativa. Esta iniciación nos hace más amorosos, humildes y tolerantes.

Cuando alguno de tus compañeros estuviera hablando no lo interrumpas.

La iniciación es algo que queda profundamente enraizado en el que la recibe. No es algo que pueda perderse porque nos acompañará siempre. Los canales permanecerán abiertos para el resto de la vida del reikiano, aunque no se utilicen durante un largo periodo de tiempo. Por ello, no es necesario concentrarse ni creer firmemente en la técnica que se está empleando.

Felicita a tus compañeros cuando celebren su cumpleaños. A todos nos gusta que se nos tenga presente.

Cuanto más utilice el reikiano la energía reiki, más aumentará su capacidad de canalización. Sus canales de condución de energía se abrirán como consecuencia de la práctica. Dichos canales pueden hacerse más fuertes con la práctica; de igual modo, pueden debilitarse por la falta de utilización; pero siempre podrán reactivarse usándolos de nuevo.

En la hora del recreo que tienes en el colegio aprovecha ese momento para beber agua e ir al baño. Primero come lo que lleves para comer y, después, ponte a jugar.

El reiki nos ayuda a despertar el poder que habita en nuestro interior. Constituye una de las mayores fuerzas que existen en este planeta para lograr la evolución de las personas. Cuando nos convertimos en un auténtico canal de reiki se nos abre un mundo completamente nuevo y diferente que, al principio, se nos hace increíble que pueda existir.

Cuando practiques algún deporte, es necesario que sepas ganar y perder. Lo importante es participar. ¡Nada de peleas!

Mediante el reiki todos los canales energéticos del cuerpo humano que son responsables de la captación y de la distribución de nuestra energía se ven reactivados para funcionar de manera correcta. Las manos irradian energía cuando se colocan sobre las partes doloridas de nuestro cuerpo, o del cuerpo de otras personas, aportando armonía y salud.

En el deporte, no te quedes tan solo con la satisfacción de la victoria. Elogia también a los que perdieron, y hazlo de todo corazón.

La iniciación de una única persona representa un proceso muy rápido, y en ella no se tarda más de cinco minutos. La sala en la que tiene lugar la iniciación queda energizada durante bastante tiempo tras el ritual, y la temperatura que hay en ella llega a experimentar un aumento considerable durante el proceso de iniciación.

Cuando hagas deporte, no te sientas decepcionado si llegas a perder, ni te digas que ya no quieres jugar más. Felicita a los vencedores. No olvides que hay días en que ganamos y días en que perdemos.

Durante el proceso de iniciación, la persona que está siendo activada podrá experimentar una serie de sensaciones; como mucha paz y armonía, un calor agradable, una profunda relajación o calor en las manos; también es posible que sienta tristeza, ganas de llorar o amor. El iniciador, por su parte, también podrá ver luces y colores en la sala.

En el colegio, cuando llegue la hora de salida de clase, hazlo de una forma educada. Tampoco te dejes acompañar por una persona extraña, aunque te diga que viene a buscarte en nombre de tus padres.

Una de las primeras preguntas que solemos escuchar de los nuevos alumnos que se inician en la técnica reiki es: «¿Por qué existe una división del reiki en diferentes niveles?». Por nuestra parte sabemos que el sensei Mikao Usui utilizaba tres niveles distintos en la iniciación de la técnica.

Para cualquier persona la fecha de su aniversario es un día muy especial. Por eso es conveniente que la felicites y compartas con ella su alegría en esa fecha.

Hay maestros que dividen también la técnica reiki tan solo en tres niveles. Otros, por el contrario, dividen el tercer nivel en dos sub-niveles llamados «maestro interior (3-A)» y «maestro (3-B)». En Occidente esta división facilita la enseñanza y comprensión de la energía reiki en sus aspectos más profundos.

Trata de que tu fiesta de cumpleaños no coincida con la de otro compañero de clase. De ese modo, los invitados no se sentirán uindecisos a la hora de elegir a cuál de las dos van a ir.

Los rituales iniciáticos son realizados por el maestro de reiki en el mismo día en que tienen lugar los seminarios. Los seminarios de reiki se desarrollan en períodos de clase y de vivencias que varían de ocho a dieciocho horas, según sea la cantidad de alumnos asistentes, y el sistema de enseñanza del maestro.

Trata de que tu fiesta de cumpleaños no coincida con días festivos, pues puede suceder que en tales fechas tus amigos salgan de excursión con sus padres.

El hecho de que hayamos recibido la sintonización correspondiente a un nivel de un determinado maestro de reiki no nos obliga a realizar los demás niveles con ese mismo maestro. A ningún estudiante de reiki le es imprescindible continuar con su maestro después de un seminario, ni tampoco depender de él. Reiki no es una secta, reiki es amor.

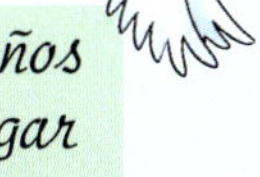

La invitación que hagas para la fiesta de tu cumpleaños debe mencionar tu nombre, el día de la fiesta, el lugar en donde se va a celebrar y la hora. Procura confirmar la asistencia de tus amigos con una llamada telefónica.

Se puede comparar el ser humano con una instalación eléctrica completa, una de cuyas lámparas no se enciende por no estar bien enroscada. Lo que hace el maestro de reiki es establecer el contacto, enroscando debidamente esa bombilla. El maestro no crea al reikiano, se limita a despertarlo. Por eso denominamos al nivel 1 de la técnica del reiki como «El despertar».

En tu fiesta de cumpleaños no te olvides de invitar a un amigo al que ya hayas invitado en ocasiones anteriores. Eso será una buena señal de respeto y de consideración hacia él.

El nivel 1 del reiki, además de llamarse «El despertar», como sucede en nuestro Instituto, también recibe otros nombres como «reiki 1», «Shoden» o «nivel físico». La transmisión de la energía reiki se hace a través del contacto de las manos del reikiano con el cuerpo del receptor de la energía.

El día de tu cumpleaños vístete con una ropa bonita que te permita, al mismo tiempo, poder jugar.

La persona que ha sido iniciada en el nivel 1 de reiki pasa a trasmitir la energía a través de las manos al colocarlas sobre aquellos que deben ser armonizados. Esto es algo que se puede realizar con uno mismo, mediante la autoaplicación, y la aplicación en animales, plantas, simientes y alimentos.

El día de tu cumpleaños recibe a tus invitados en la puerta de tu casa.

Después de la iniciación en cada uno de los niveles, la persona pasará por un proceso de purificación energética. Todas las toxinas que fueron acumulándose en el organismo durante varios años quedarán definitivamente eliminadas. Esa liberación o eliminación de las toxinas corporales es un proceso normal y saludable que recibe el nombre de «crisis curativa».

El día de tu cumpleaños debes agradecer a los invitados en primer lugar su presencia, y después los regalos que puedan hacerte.

Si no llegara a producirse esa liberación los bloqueos permanecerán reprimidos, desapareciendo sus síntomas de una forma superficial pero no plena. Esas reacciones también son comunes en el inicio de un tratamiento con reiki, y hacen que la persona se sienta «diferente», poco después de una sesión o de una iniciación con reiki.

Anota siempre el nombre del amigo que te hizo el regalo; de ese modo no tendrás dudas a la hora de agradecer lo que has recibido.

Es posible que tengamos la impresión de que nuestra condición física ha empeorado. Lo que sucede es que estamos pasando por un proceso de limpieza que, en todo caso, puede minimizarse, pero que no puede ser evitado. Recordemos que el reiki es una liberación. Limpia todo con una gran fuerza purificadora, pero al cuerpo no le resulta fácil desintoxicarse en su totalidad.

Da las gracias también por aquellos regalos que, tal vez, no te hayan gustado. Agradécelos todos por igual, pues lo que de verdad cuenta es la intención.

El maestro deberá informar al nuevo reikiano de los beneficios producidos con esta limpieza. El más importante de ellos, en la iniciación del nuevo alumno, es el bienestar que este va a experimentar, la alegría de que ahora va a pertenecer a la gran familia de los reikianos.

En el caso de que hayas comprado un regalo para el cumpleaños de tu amigo y por algún motivo no puedas asistir a la fiesta siempre podrás entregárselo al día siguiente.

Aunque las reacciones que se pueden producir en este proceso de limpieza son muy diversas, la más común es la diarrea, que no debe reprimirse. El nuevo alumno necesita ir con más frecuencia al servicio. Esto forma parte del proceso de limpieza y de desintoxicación del organismo, a fin de que este se vuelva más saludable, más fuerte y más feliz.

Si alguno de los amigos asistentes a la fiesta de tu cumpleaños se sintiera desanimado, trata de estimularlo haciendo que participe en los juegos.

A veces, el nuevo reikiano podrá experimentar un cambio en el aliento debido a la limpieza que se está produciendo en los pulmones. También se puede observar que este proceso purificador se manifiesta en la orina que posiblemente muestre alteraciones tanto en el color como en su olor. Al poco tiempo desaparecen todas estas alteraciones, y lo único que perdurará será la sensación de salud, de fuerza y de felicidad.

Cuando termine tu fiesta de cumpleaños, no te olvides de agradecer a cada uno de los participantes su presencia, a la hora de despedirlos.

La liberación de las toxinas que se produce durante este proceso de limpieza deberá ser estimulada y nunca interrumpida. Es importante que no se traten los síntomas surgidos con medicamentos represores. En el caso de que la diarrea fuera muy intensa podemos utilizar cápsulas de carbón vegetal y, sobre todo, ingerir mucho líquido.

Si uno de tus amigos no pudo asistir a tu fiesta pero te envió un regalo, una tarjeta de felicitación o te telefoneó no te olvides de llamarlo para agradecerle que se acordara de ti.

Aunque sea muy raro, algunas veces podrá producirse un ligero aumento de la temperatura del cuerpo. Esta fiebre constituye también un elemento importante y puede ser considerada igualmente como una reacción saludable. En el caso de que este aumento de temperatura sea reducido no deberá reprimirse con medicamentos. Utilice en esos casos unas compresas frías.

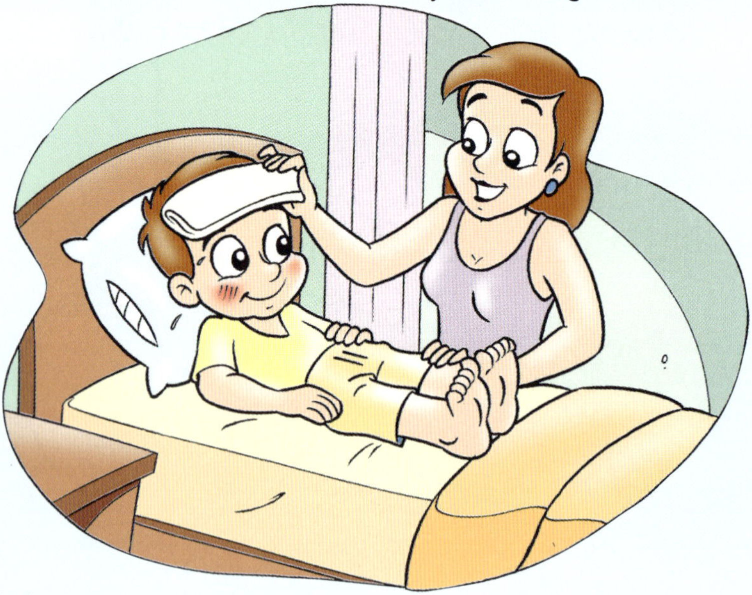

Cuando recibas una invitación para una fiesta de cumpleaños, has de enseñársela a tus padres. Después telefonea al amigo confirmando tu presencia o justificando tu ausencia.

Lo mejor para este proceso de limpieza del organismo es evitar toda clase de esfuerzos, hacer comidas ligeras y beber mucho líquido. Al cabo de un periodo de algunas horas o, como máximo, de veintiún días, el nuevo reikiano se sentirá mucho mejor que antes de que se iniciara el proceso de depuración. Es aconsejable evitar el consumo de carnes rojas y de productos enlatados durante este periodo de limpieza.

En el caso de que no puedas asistir a la fiesta de aniversario de tu amigo enviále un correo electrónico, un telegrama o haz una llamada. Es una forma de proceder amable y educada.

El alumno de reiki que recibe el nivel 1 puede optar por dejar su preparación en ese nivel o, por el contrario, pasar a otros niveles y profundizar en el estudio de la técnica. En el nivel 1 la energía trabaja principalmente sobre el cuerpo físico, mientras que la energía del nivel 2 lo hace también sobre las emociones y los pensamientos.

Cuando te decidas a comprar un regalo, pide permiso a tus padres para comprar aquel que ya sabes que le gustará a tu amigo.

Es por ello que ese nivel recibe el nombre de «nivel mental». El equilibrio de las emociones y de los pensamientos es tan importante como el equilibrio físico del cuerpo. Los griegos expresaban este equilibrio con la frase «mente sana en cuerpo sano»; es decir que si los pensamientos son buenos el cuerpo se encontrará en un estado saludable.

Procura ser puntual en las fiestas a las que seas invitado. Imagínate lo desagradable que sería que todos los invitados llegaran tarde a tu fiesta.

Cuando permitimos que la energía del nivel 2 fluya libremente a través de nuestro cuerpo, disolvemos antiguos hábitos y miedos. Soltamos los encadenamientos que no ataban a las viejas formas de vivir, de estar y de pensar. Por este motivo prefiero denominar a este nivel «La transformación», debido a esos profundos cambios que se originan en los iniciados. El sensei Mikao Usui llamaba a ese nivel «Okuden».

Cuando llegues a la fiesta de cumpleaños, felicita primero al homenajeado, después a sus padres y al resto de los invitados.

Considero que el nivel 2 es el más hermoso y significativo de todos. Este nivel involucra al alumno en una nueva iniciación energética, que ahora tiene la frecuencia de tres símbolos sagrados. El nivel 2 de la técnica reiki se encuentra a disposición de los alumnos que ya recibieron el nivel 1, y que muestran interés por seguir profundizando en el conocimiento de la técnica.

Evita a quellos juegos que sean violentos, o de mal gusto, y que puedan dañar o molestar a otros amigos.

Son muchas las personas que sienten la necesidad de un crecimiento interior y de un mayor conocimiento de esta energía. El nivel 2 no constituye un perfeccionamiento del primer nivel. Cada uno de los distintos niveles es un módulo completo y perfecto en sí mismo. El alumno que recibe el nivel 2 de reiki necesita mucho menos tiempo del que antes le era necesario para aplicar la energía.

Al marcharte de una fiesta de cumpleaños no te olvides de despedirte del festejado y de sus padres, y de agradecer el que te hayan invitado.

En el reiki, al contrario de lo que sucede en otras terapias bien conocidas, (masoterapia, shiatsu, do-in, quiropráctica o cromoterapia), el contacto físico no es imprescindible. La energía reiki también puede aplicarse con éxito a distancia, en un proceso similar al que se produce en la emisión de las ondas de radio.

Debemos agradecer y pedirle protección a Dios en la oración todos los días, siempre que nos acordemos y antes de dormir.

La principal enseñanza que se da en el nivel 2 es la posibilidad de enviar la energía reiki a distancia, para alguien que no se encuentre presente o que, por algún motivo, usted no pueda tocar. La energía reiki establece un puente de luz que le une a usted con la otra persona.

Respeta todas las religiones por muy diferentes que sean de la tuya.

La energía que produce la técnica reiki puede utilizarse para que actúe sobre un trauma sucedido en el pasado (como un asalto, la separación de los padres, una pelea o un accidente). Ayuda a disminuir el sufrimiento emocional. También puede utilizarse para que opere sobre un acontecimiento futuro (un examen, una entrevista de trabajo, un viaje en avión, una visita al médico o al dentista, etc.).

El número que se utiliza telefónicamente para avisos de emergencia en España es el 112. Si necesitas una atención urgente y quieres pedir ayuda, marca este número, pero nunca lo utilices para jugar o bromear.

Se conoce también al nivel 3-A de la técnica de reiki como el grado del «maestro interior», de la «realización» o, también, como el «nivel de conciencia». El alumno que se halla en este nivel recibe la iniciación del cuarto símbolo sagrado del reiki, el «símbolo maestro» que le hace posible la utilización de una mayor energía.

No mates animales ni insectos simplemente por diversión. Debemos proteger a los animales, nunca matarlos.

La capacidad energética se ve de este modo muy ampliada. Puede enviarse la energía a cualquier parte del planeta que esté en crisis, a una selva que esté siendo devastada, a una especie animal que se halle en vías de extinción, a grupos de trabajo por la paz, a cualquier situación social que lo necesite.

Necesitamos tener un planeta que se encuentre limpio y saludable. Para ello es necesario que así se hallen también todos los seres vivos que en él habitan. Debemos respetar la naturaleza.

El nivel 3-B recibe varias denominaciones, tales como «nivel 4», «maestría» o «Shimpiden» (conocimiento místico). También puede recibir la denominación de «nivel espiritual», o de «nivel de profesor». Este nivel es realmente magnífico. El alumno que se encuentra en él recibe los conocimientos necesarios para iniciar a otros reikianos.

Debemos respetar a nuestros padres, porque son ellos los que nos han dado la vida y los que nos conceden protección, además de darnos amor y educación.

Cuantos más maestros de reiki existan más se podrá beneficiar la humanidad. El nivel 3-B no obliga en modo alguno a sus participantes a enseñar reiki. Cada vez son más las personas que deciden hacer este grado de maestría por una necesidad de crecimiento interior. Lo que realmente es importante es que la utilización de la técnica del reiki se realice de una forma placentera y responsable.

Respeta a las personas mayores. Son muchas las cosas que podemos aprender de ellas. Cuando tengas oportunidad de hacerlo pídeles que te cuenten cosas buenas de su paso por la vida.

Aquel que desee convertirse en un buen maestro de reiki deberá tener presente que ha de invertir su tiempo en esa tarea. Es necesario que se comprometa con ella a fin de obtener una preparación seria y de calidad. Se puede saber el nombre de los maestros que han sido formados por mí escribiendo a: reiki@iis.com.br

Debemos respetar a las personas que están enfermas físicamente y ayudarlas en sus dificultades. Jamás trates a ninguna de ellas con aire de superioridad.

Hay seminarios de reiki en los que se forma a los maestros de esta técnica tan solo en unas pocas horas de un solo día, y en los cuales es muy dudosa la calidad de la formación profesional que se recibe. Cuando alguien se forma como maestro en un centro autorizado por la Federación Española de Reiki, necesita un mínimo de seis meses de entrenamiento.

No debemos poner en riesgo nuestra vida, pues ella ha sido un don que nos ha hecho Dios. La vida nos ofrece las condiciones y circunstancias necesarias para que podamos evolucionar como personas.

El tratamiento con la técnica reiki está destinado a todas aquellas personas que están abiertas al cambio interior, y no solamente a quienes estén padeciendo una enfermedad, un dolor o un trauma emocional. Con la ayuda de esta técnica se pueden superar los dolores, los problemas emocionales y de salud que han venido atormentando a la persona a lo largo de años. De este modo ella se sentirá más amorosa, feliz y receptiva.

Internet es un medio de contacto muy interesante, pero también puede resultar muy peligroso. No mandes nunca una fotografía tuya ni des tu nombre, dirección y teléfono sin consultar con tus padres.

La energía reiki transforma la estructura química del cuerpo, ayudando a restaurar el sistema muscular, nervioso y óseo y a regenerar también los órganos dañados. Cuanto más pronto iniciemos las aplicaciones regulares del reiki, mejores y más rápidos serán los resultados que obtendremos. En los niños ayuda a su desarrollo y fortalece las defensas de su organismo.

El ordenador es un instrumento útil, pero hemos de usarlo con moderación. Navega siempre sin exagerar su utilización. Y al igual con la televisión, deberás seleccionar adecuadamente sus contenidos.

En la mayoría de las terapias complementarias al terapeuta le resulta imposible, o al menos muy difícil, utilizar la técnica en su propia persona. Esto no sucede con el reiki, ya que con esta técnica podemos realizar sin problemas el auto tratamiento, que constituye una práctica extremadamente efectiva para la liberación de la tensión y para la relajación personal.

Nunca aceptes encontrarte con alguien que conociste por internet sin el consentimiento de tus padres. ¡Debes tener mucho cuidado!

La técnica reiki, por constituir un método universal, sirve por igual al tratamiento de cualquier organismo vivo, ya sean personas, animales o plantas. Resulta increíble observar la belleza de las flores y plantas tratadas con reiki, al compararlas con aquellas otras que no recibieron esta energía de amor.

Utiliza tu propia creatividad. Usa internet para promover grupos de investigación en aquellos temas que te interesan, o para mejorar la zona en la que vives.

Los resultados alcanzados con aplicaciones sobre animales desmienten el hecho de que la técnica del reiki funcione a través de la fe, porque no es precisamente la fe la que logra recuperar el bienestar de las personas en la práctica del reiki. Si así fuese el reiki no funcionaría con las plantas o con los animales. La energía del reiki no necesita de nuestra fe para funcionar.

Si tienes compañeros de otras religiones trata de promover con ellos la amistad. Esta diferencia de credos puede ser positiva si las dos partes saben prestar atención al lado bueno de cada religión.

Resulta muy difícil entender la energía del reiki con nuestra mente racional, que es limitada. El misterio se halla en vivenciar el reiki, y no en tratar de entenderlo mediante explicaciones y teorías. Solamente logramos entenderlo cuando nos volvemos hacia esa energía y trabajamos con ella de forma directa. La energía del reiki es como el amor: solo puede ser comprendido si se lo vivencia.

Si algún compañero padece alguna enfermedad crónica, como el asma, la broquitis o la epilepsia, no lo evites. Esa clase de enfermedades no son contagiosas y tu amistad podrá servir de ayuda.

En Oriente no es posible que un método o una técnica puedan ser aprendidos sin que se sientan y se vivencien. Buda, el gran maestro espiritual de Oriente, afirmaba que deberíamos vivenciar algo antes de aceptarlo. Los orientales alegan que no es la mente la que entiende, ya que el único que entiende es el corazón. Por ello no hay obigatoriedad de una explicación racional.

Si alguno de tus compañeros de colegio careciese de algún material y tú lo tuvieses de reserva, de modo que pudieses prestárselo, no dudes en ayudarlo y pedirle que te lo devuelva cuando ya no lo necesite.

La técnica del reiki constituye un auténtico regalo para todos. Conviene que lo recibamos, lo ofrezcamos y lo transmitamos. Además del reiki también es necesario acostumbrarse a hacer una buena respiración, a saber reposar de forma adecuada, a tener una alimentación sana y hacer un tipo de ejercicio físico apropiado.

Ayuda a ese compañero que tiene alguna dificultad en una materia que para ti resulta más fácil. Podéis reuniros para trabajar juntos y organizaros para estudiar después del horario escolar.

El reiki puede utilizarse de forma aislada, o también como complemento terapéutico, unido a cualquier método convencional o alternativo. Las posibilidades que hay para poder combinarlo con otros tratamientos son innumerables, ya que la energía no tienen polaridad.

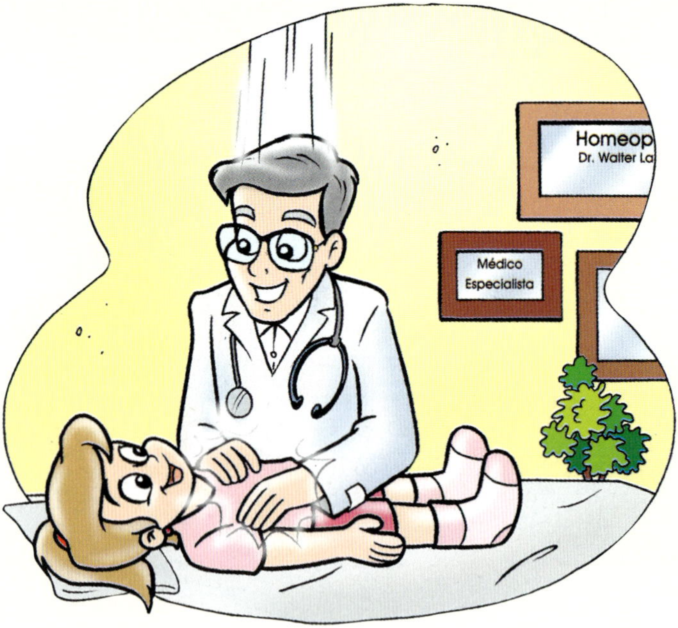

El teléfono es un medio de comunicación útil e importante. No te quedes demasiado tiempo hablando con tus amigos, porque es posible que alguien esté esperando para hablar con tu casa.

No debemos hacer de la técnica reiki un instrumento de fanatismo. Por el contrario, hemos de consultar siempre con un médico o con un psicólogo cuando el problema requiera la intervención de un profesional especializado. El reiki no sustituye a la medicina convencional, del mismo modo que esta tampoco sustituye a la técnica del reiki.

Siempre que te sea posible haz una oración antes de las comidas. Expresa tu agradecimiento por el alimento que vas a tomar. Acuérdate de aquellas personas que no tienen nada para comer.

Toda aquella persona que desee conocer y participar de nuestros seminarios puede ponerse en contacto con la Federación Española de Reiki visitando nuestra página web. Todo el mundo está invitado también a visitar nuestra sede.

¿Qué te parece la idea de organizar un grupo para recoger y donar alimentos no perecederos? Recuerda que hay muchas familias que no tienen qué comer.

Nuestra dirección es:
Federación Española de Reiki:
c/ Sandoval, 8
28010 Madrid
www.federeik.es
Tel. 951021473

Cuando te bañes en una piscina, no orines dentro del agua. Procura ir siempre al baño.

Este libro se realizó contando con las informaciones extraídas de otros libros míos publicados por EDAF.

Nunca te limpies la nariz en cualquier sitio. Procura hacerlo en el cuarto de baño.

¿Qué les parece si ahora realizamos una especie de juego muy simpático? Vamos a ojear rápidamente las páginas de este libro, observando el dibujo de la palomita que se encuentra en el borde inferior de cada página. Da la impresión de que está volando. ¿Y qué tal si ahora leemos una vez más cada mensaje escrito?

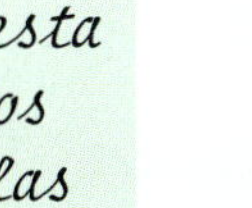

Al salir del colegio, de tu casa o de cualquier fiesta a la que asistas, hazlo siempre en compañía de los adultos que sean responsables de ti, o con aquellas que tus padres hayan acordado para recogerte.

John Curtin, presidente de la Federación Española de Reiki, y sus dos hijas.

¡BIENVENIDO A LA FEDERACIÓN ESPAÑOLA DE REIKI!

Somos muchas las personas en toda España que practicamos reiki, y la Federación se creó para unir a todas esas personas bajo un nombre común.

En la Federación encontrarás a las personas que practican y enseñan reiki de forma seria y ética ya que todo federado se compromete a respetar un código de conducta profesional.

Puedes entrar en su página web y consultar su base de datos nacional para encontrar un maestro de reiki cerca de donde vives.

www.federeiki.es

COMO ELEGIR UN CURSO DE REIKI

Si te apetece aprender el reiki, no olvides que es imprescindible hacer un curso para recibir la iniciación en la técnica. Leer un libro no es suficiente ya que necesitas un maestro que te conecte con esa energía sanadora.

Para elegir el maestro adecuado, primero debes asegurarte que está federado mirando la lista de maestros federados en www.federeiki.es. Después, aconsejamos que lo conozcas personalmente para asegurarte que te cae bien y es alguien en quien puedes confiar.

Es importante preguntarle si en sus cursos da un manual completo (la Federación tiene sus propios manuales) y un diploma para certificar que has hecho el curso.

INICIACIONES GRATUITAS PARA NIÑOS

Información para los padres

Si vives en Madrid, la Fundación Sauce ofrece iniciaciones gratuitas en reiki para niños. Los requisitos son los siguientes:

-Por lo menos uno de los padres tiene que practicar reiki.
-El niño tiene que venir libremente, porque quiera ser iniciado.
-La edad máxima es 11 años.
-Tienes que hacer una donación a cualquier ONG de ayuda a la infancia (el importe lo eliges tú).
-Tienes que leer este libro con tu hijo o que él lo lea.

Una vez que se han cumplido estos requisitos, puedes llamar a la Fundación Sauce al 91 591 99 95 o escribir a info@fundacionsauce.org para pedir una cita. La iniciación será hecha por John Curtin, presidente de la Fundación.

FEDERACIÓN ESPAÑOLA DE REIKI